Kevin Rimek

Weber, Sombart und die CMA - War die afroamerikanische Ökonomie kapitalistisch?

GRIN Verlag

Bibliografische Information der Deutschen Nationalbibliothek:

Die Deutsche Bibliothek verzeichnet diese Publikation in der Deutschen National-
bibliografie; detaillierte bibliografische Daten sind im Internet über http://dnb.d-
nb.de/ abrufbar.

Impressum:

Copyright © 2012 GRIN Verlag GmbH
Druck und Bindung: Books on Demand GmbH, Norderstedt Germany
ISBN: 978-3-656-24400-4

Dieses Buch bei GRIN:

http://www.grin.com/de/e-book/197181/weber-sombart-und-die-cma-war-die-
afroamerikanische-oekonomie-kapitalistisch

GRIN - Your knowledge has value

Der GRIN Verlag publiziert seit 1998 wissenschaftliche Arbeiten von Studenten, Hochschullehrern und anderen Akademikern als eBook und gedrucktes Buch. Die Verlagswebsite www.grin.com ist die ideale Plattform zur Veröffentlichung von Hausarbeiten, Abschlussarbeiten, wissenschaftlichen Aufsätzen, Dissertationen und Fachbüchern.

Besuchen Sie uns im Internet:

http://www.grin.com/

http://www.facebook.com/grincom

http://www.twitter.com/grin_com

Humboldt – Universität zu Berlin

Philosophische Fakultät I

Institut für Geschichtswissenschaften

Seminar: Der Kapitalismus. Konzepte

und historische Entwürfe des

frühen 20. Jahrhunderts

Semester: WS 2011 / 2012

Weber, Sombart und die CMA

War die afroamerikanische Ökonomie kapitalistisch?

Kevin Rimek

Kombinationsbachelor: 2. Fachsemester
Kernfach: Informatik
Zweifach: Geschichte

Inhaltsverzeichnis

1. Einleitung

In den 1930er Jahren sieht sich der Kapitalismus in den USA in seiner bis dahin schwersten Krise. Neben den populären Maßnahmen des New Deal existieren in den Vereinigten Staaten zu dieser Zeit jedoch auch andere Formen der Reaktion, welche außeradministrativ und oftmals weitreichender waren als die Beschlüsse der Roosevelt – Regierung. Sie äußerten sich unter anderem in dem Versuch der afroamerikanischen Gemeinschaft, eine eigenständige Wirtschaft mit innovativen Geschäftsmodellen zu entwickeln. So lassen sich (neben den herkömmlichen Einzelhandelsgeschäften sowie Kleinst – und Dienstleistungsunternehmen) der Zusammenschluss von Händlern zu sogenannten *associations* wie der *Colored Merchants Association,* welche die Wirtschaftlichkeit ihrer Mitglieder erhöhen sollte, und die Entstehung demokratisch geführter Unternehmungen, den *cooperatives*, als neuartige Betriebsformen identifizieren. Hierbei stellt sich jedoch die Frage, inwiefern diese neuen Formen noch kapitalistische Unternehmungen darstellten bzw. ob die afroamerikanische Wirtschaft als solche überhaupt noch ein Bestandteil des amerikanischen Kapitalismus war.

Der vorliegende Essay argumentiert in die Richtung einer begrenzt kapitalistischen *black economy*, wobei das Wort „begrenzt" die Fokussierung auf die Besonderheiten des afroamerikanischen Wirtschaftens verlangt. Hierzu ziehen wir die Kapitalismusdefinitionen von Werner Sombart und Max Weber heran und stellen dabei die genetischen Merkmale des Kapitalismus der Realität der Afroamerikaner in den 1930er Jahren gegenüber. Ein Überblick über die Lebenswelt jener besonderen Gemeinschaft wird unter anderem durch Lizabeth Cohen geleistet. In ihrem Buch „*A Consumers' Republic. The Politics of Mass Consumption in Postwar America*" beschreibt sie das Aufkommen der neuen Unternehmensformen und stellt ihren Nutzen in Bezug auf die Situation der Konsumenten dar. Dieser Nutzgedanke wird hierbei das Kernelement für die Betrachtung des afroamerikanischen Kapitalismus bilden, da er nicht nur dessen Form, sondern auch seinen Geist maßgeblich beeinträchtigt. Neben den innerethischen Faktoren berücksichtigt der Essay auch gesellschaftlich – politische Phänomene, welche als systemische Gegebenheiten für jene Gemeinschaft unüberwindbar waren und daher die Anpassungen und Abgrenzungen, welche diese spezielle Kapitalismusform kennzeichneten, verstärkten. Als Fazit der Untersuchungen werden wir feststellen, dass die *black economy* sowohl Webers als auch Sombarts Anforderungen an den Kapitalismusbegriff gerecht wird und dass die auftretenden Besonderheiten durch die Aufnahme des Nutzgedankens sowie der gesamtgesellschaftlichen Irrationalität als additive Merkmale in eine sonst kapitalistische Gemeinschaft integriert werden.

2. Die Genese des kapitalistischen Geistes in der afroamerikanischen Gesellschaft

2. 1. Die Ausbildung des Erwerbstriebes und das Wirtschaftsprinzip der afroamerikanischen Ökonomie

Die Kapitalakkumulation und die Entstehung eines kapitalistischen Geistes bilden bei Sombart zwei wesentliche Merkmale für die Genese des Kapitalismus. Dieser Geist setzt sowohl bei Weber als auch bei Sombart die Entstehung eines Erwerbstriebs voraus, welcher das bei Schmoller und Bretano benannte Streben nach dem größtmöglichen Gewinn und den wirtschaftlichen Egoismus impliziert.

   Da die *black economy* jedoch eine innerethnische Zirkulationsökonomie darstellte und sich die Konsumenten somit weitgehend auf das eigene Klientel beschränkten, war ein solcher Egoismus nur in einem begrenzten Rahmen möglich. Hierbei ist jedoch anzumerken, dass die Beschränktheit des Egoismus im Desinteresse der anderen Ethnien und nicht im Fehlen eines expansiven Willens seitens der Händler begründet war. So versuchte die CMA mithilfe von Verkaufstrainings und Werbung durchaus, neue Kunden für ihre Mitglieder zu werben, wobei Aktionen wie die „*Don't buy, where you can't work*" – Kampagne die Tatsache erkennen lassen, dass sich die Händler mit der ethnischen Beschränkung weitgehend arrangiert hatten und daher ihr expansiver Drang nicht über die Ausweitung des Marktanteils in der bestehenden Zielgruppe hinauskam. Die Determiniertheit des Absatzmarktes lässt hierbei auf die Konkurrenz zwischen den Afroamerikanern schließen, welche durch das Eindringen weißer Wettbewerber in den Markt noch intensiviert wurde. Eine solche Konkurrenz tritt bei Weber jedoch nur in kapitalistischen Unternehmungen auf, da der Traditionalismus mit seiner spezifischen Bedarfsdeckung eine solche Form des Wettbewerbs nicht kennt.

   Das begrenzte Gewinnstreben lässt sich jedoch nicht nur durch die damit verbundene Angst vor dem Verlust von Kunden begründen. Die Motivation der neuen Unternehmungen, welche unter anderem in der Verbesserung und Verbilligung der Versorgung der Afroamerikaner lag, führte zur Unvereinbarkeit eines starken Gewinnstrebens mit diesen Zielen. So hatten die von ihren eigenen Konsumenten geführten *consumer cooperatives* das Profitmotiv zu ihren Gunsten auf die Wirtschaftlichkeit des Betriebes reduziert. Dieses Phänomen, welches Weber als Binnenmoral in Verbindung mit Schranken beim Erwerb innerhalb der Sippe charakterisiert, erreichte aufgrund der Identität von Produzent und Konsument in den *consumer cooperatives* ein radikales Ausmaß, welches in manchen Fällen bis zum Ausbleiben des Dazwischentretens von Kapital reichte und somit eher kommunistische als kapitalistische Tendenzen aufwies. Diese Form ist jedoch ausschließlich auf die in kleinen Kreisen agierenden *consumer cooperatives* anzuwenden, wohingegen andere Formen von *cooperatives* wie die *worker cooperatives* oder überregionale *associations* wie die CMA mehr Konsumenten bedienten und daher eher ein außenmoralisches Verhalten gegenüber ihren Kunden vertraten, wobei auch hier die innerethnische Zirkulationsökonomie Grenzen setzte.

Der tiefgreifende Unterschied zu den *consumer cooperatives* bestand dabei im zunehmenden Fehlen der persönlichen Interaktion zwischen Produzenten und Konsumenten, zumal die in der CMA organisierten Händler ihre Produkte in manchen Fällen nicht selbst herstellten, sondern diese vom Dachverband geliefert wurden und auch die Arbeiter in den *worker cooperatives* nicht unbedingt in persönlichen Kontakt mit den Endkunden traten. Der Wegfall jener Subjektivität ermöglichte das Streben nach Gewinn und folglich eine Kapitalakkumulation in jenen Unternehmen, welche Voraussetzung für deren Expansionsversuche unter den oben gennannten Kriterien / Einschränkungen war. Mit dem Überschuss an Kapital wurden in den *worker cooperatives* neue Produktionsmittel wie Maschinen zur Leistungssteigerung eingekauft, während sich die CMA auf die Erweiterung des egoistischen Vertriebs durch den Bau von Warenhäusern und das Schalten von Werbungen für ihre Mitglieder konzentrierte. Eine solche fortwährende Reinvestition (welche Weber schon in Verbindung mit den Puritanern benannte) weist auf die marxsche, von Sombart übernommene Zirkulation des Geldes in Kapital (Geld – Wert – Geld) und somit auf die Verwertung des Kapitals zur Steigerung der Produktivität und der Profitabilität als Zweck dieser Unternehmungen hin. Der Selbstzweck des Gewinns ist charakterisierend für das Erwerbsprinzip bei Sombart bzw. die kapitalistische Unternehmung bei Weber. Dieses Prinzip erfährt jedoch eine Einschränkung aufgrund des Versorgungsmotivs der eigenen Gemeinschaft, welche bei der Produktion auch für die *associations* eine wichtige Rolle spielte. Jenes Argument für das sombartsche Bedarfsdeckungsprinzip verliert jedoch seine Wirkung, sobald die Menge der Konsumenten nur auf eine Teilmenge der Afroamerikaner abbildet. Das bedeutet, dass sich die Qualität und Quantität der Produktion zwar an der *black community* als solcher orientiert, sich jedoch nicht auf die unmittelbaren, individuellen Bedürfnisse einzelner Gruppen oder Personen dieser Gemeinschaft einrichtet. Betrachtet man andererseits die gesamte Gemeinschaft als Konsumentenmenge, so lässt sich eine Identität zwischen der am Konsumenten orientierten Produktion und der am Gewinn orientierten Produktion feststellen, die sich auf die innerethnischen Schranken zurückführen lässt, wobei erstere Orientierung nur auf dieser Ebene dieselbe Gewichtung erfährt. Es ist somit anzunehmen, dass man, wenn die Möglichkeit der Erweiterung des Klientels auf andere Ethnien vorhanden gewesen wäre, die Produktion dementsprechend auf den neuen Absatzmarkt erweitert hätte und auch hierbei die Gewinnorientierung das vordergründige Motiv bilden würde.

Aus der obigen Argumentation lässt sich also für das Gros der afroamerikanischen Wirtschaft eine Abkehr vom ökonomischen Traditionalismus bei gleichzeitigem Aufkommen kapitalistischer Merkmale wie der erwerbswirtschaftlichen Bedarfsdeckung einer Menschengruppe auf dem Wege der Unternehmung, welche Weber als Kapitalismus definiert und der Sombarts Erwerbsprinzip am nächsten steht, erkennen, wobei die *consumer cooperatives*, welche dem Bedarfsdeckungsprinzip noch immer vollständig anhängen, eine Ausnahme bilden.

2. 2. Berufsidee und Lebensweise

Die bisherigen Erkenntnisse sind weder hinreichend für den kapitalistischen Geist nach Weber, noch kann man daraus seinen vollständigen Sieg über den Gegenspieler, die traditionalistische Ethik, herleiten. Weber spricht dem traditionalistischen Menschen die Fähigkeit ab, sich an neue Arbeitsweisen anzupassen. Tatsächlich beschreibt Cohen, dass die von den *associations* eingeleiteten Schulungen bei den Händlern auf wenig Interesse stießen, sodass sie die vorgeschlagenen Methoden nicht konsequent umsetzten oder erst gar nicht zu den Seminaren erschienen. Gleichzeitig muss jedoch betont werden, dass das Entstehen der neuen Formen der Unternehmen und Verbände selbst bereits eine große Bereitschaft für das Mitwirken an tiefgreifenden Veränderungen voraussetzte.

Hierzu tritt die Anpassung der privaten Haushalte an die krisenbedingten Lohnkürzungen und Jobverluste, auf die die afroamerikanische Bevölkerung mit einem Rückgang der Konsumption und einer erhöhten Eigenproduktion reagierte, falls die finanziellen Mittel zur Beschaffung nicht ausreichten. Diese asketische Lebensweise ist ein Bestandteil von Webers protestantischer Ethik, welche letztendlich ein wesentliches Merkmal darstellt, aus dem der kapitalistische Geist hervorgeht. Dass dieses asketische Wesen innerhalb der *black community* nicht nur eine wirtschaftliche Erscheinung darstellt, belegen unter anderem Leslie Brown und Anne Valk. Ihre Befragung von Afroamerikanern bezüglich deren Erinnerungen an die 1930er Jahre ergab, dass selbst mittelständische Familien, welche mit einem gewissen Vermögen ausgestattet waren, weitgehend auf Luxusgüter verzichteten, um so ein für Afroamerikaner übliches Leben zu führen. Hierbei wird offensichtlich, dass die

Erziehung zum asketischen Leben für die Afroamerikaner aus der gesellschaftlich – ethnischen Orientierung hervorgeht und nicht wie bei Weber aus dem Protestantismus entspringt. Die Zurückstellung der individuellen Bedürfnisse äußert sich ebenso in der Bildung funktionaler Wohngemeinschaften sowie der Zunahme von generationenübergreifenden Familienhaushalten. Hierbei waren es oft mittellose junge Frauen, die entweder in fremde Familien aufgenommen wurden oder zu ihren eigenen Eltern zurückkehrten, sodass sie einerseits an einem gewissen Maß von materieller Sicherheit partizipieren konnten, aber andererseits oft noch in einem höheren Maße ihre Arbeitskraft für das Haushalteinkommen einbringen mussten. Der anstrengende Alltag machte es ihnen somit unmöglich, höhe Bildungswege zu durchlaufen oder Vorstellungen für ein eigenständiges Leben auf einer soliden finanziellen Grundlage zu entwickeln.

Der hier geschilderte Zusammenhang von Tat und Entsagung war für Weber die Grundlage der protestantischen Ethik. Er erkennt dabei aber auch, dass die Ausübung des Berufs im modernen Kapitalismus nicht aus dem Gedanken einer Berufserfüllung im protestantischen Sinne heraus geschieht, sondern aus dem eigenen Interesse der wirtschaftlichen Existenz (und damit verbunden aus dem als Selbstzweck vorausgesetzten Interesse an der Vergrößerung seines Kapitals, welches Weber bei Franklin erkennt), wobei auch andere Elemente wie der Verpflichtungsgedanke gegenüber anderen Personen oder Institutionen wirken können. Hierbei sind für die afroamerikanische Gemeinschaft die bereits erwähnte Verpflichtung gegenüber der Familie und der eigenen Ethnie hervorzuheben, wobei letztere vor allem vom Gedanken der Schuldigkeit eines individuellen Beitrags zur Stärkung der afroamerikanischen Ökonomie getragen wird. Jener zur Berufspflicht führende Gedanke bildet hierbei wiederum auf den Selbstzweck der Mehrwerterzeugung (nur diesmal auf einer höheren Ebene als der individuellen) für die eigene Ethnie ab und ist somit ebenfalls eine Folge des Versorgungsgedankens.

2. 3. Rationalität in der afroamerikanischen Wirtschaft

Aus dem Verhältnis von Berufsidee und asketischer Lebensweise lässt sich eine rationale Lebensführung erkennen, welche Weber als weitere Voraussetzung für den kapitalistischen Geist benennt. Diese Rationalität finden wir jedoch nicht nur bei einzelnen Individuen, sie ist ein fester Bestandteil des afroamerikanischen Wirtschaftens. Dies zeigt sich vor allem in den *associations*, welche als Verbund Waren einkauften, um so einen Mengenrabatt für die in ihnen organisierten Händler zu erzielen, wobei dasselbe Prinzip auch in anderen Bereichen wie der Kreditfinanzierungen und dem Aufstellen von Bilanzen unter der Einbeziehung exakter Kalkulationen und doppelter Buchführung Anwendung fand. Diese rationale Zentralisierung zugunsten des wirtschaftlichen Erfolgs bedeutete zugleich eine Abgabe der eigenständigen Kompetenzen in die Hände der Verbandsführung.

In einer solchen Loslösung des Händlers von dessen Kompetenzen und somit implizit auch von dessen Entscheidungsrecht über das eigene Kapital sowie der rationalen Kalkulation sieht Sombart einen Entpersönlichungsprozess und damit eine Abstrahierung des Zwecks, welcher beim Wirtschaften erreicht werden soll. So ist das Kapital nach Sombart nicht an die Person des Händlers gebunden: Es steht in keiner Beziehung mehr zu dessen Bedarf und wird somit nur noch durch ihn vertreten. Sombart kennzeichnet jene Abstraktion, aus der die Versachlichung aller Sozialbeziehungen folgt, als elementares Faktum der kapitalistischen Organisation. Hierbei sollte klar sein, dass die besondere Struktur der *consumer cooperatives* als Sonderfall eine solche Rationalisierung unmöglich machte.

3. Afroamerikanische Formen der kapitalistischen Unternehmung

Aus den bisher gewonnen Erkenntnissen über die afroamerikanische Ökonomie lassen sich die notwendigen Merkmale zur Definition des kapitalistischen Geistes nach Sombart und Weber extrahieren. Jenen Geist setzt Weber mit der kapitalistischen Unternehmung in Verbindung, welche für ihn die adäquateste Form des Geistes darstellt. Sowohl Sombart als auch Weber charakterisieren die kapitalistische Unternehmung durch ihren Zweck, den sie in der Schaffung des Mehrwertes, speziell durch den Gewinn aus dem Umschlag von Kapital, sehen. Dabei erkennen beide Soziologen nur solche Geld – und Sachvermögen als Kapital an, welche direkt oder indirekt (d.h. als Produktionsmittel) an den Umschlagsvorgängen beteiligt sind. Anhand unserer Beobachtungen (wie der Reinvestition oder der Zentralisierung) ist die Notwendigkeit des Vorhandenseins von Kapital hinreichend belegt. Auch geht aus dem bereits untersuchten Gewinnstreben hervor, dass der Umschlag von Kapital durchaus mit Gewinn auf der einen und Verlust auf der anderen Seite behaftet war. Da also die *associations* und *cooperatives* (außer den *consumer cooperatives*) über Kapital verfügten und dieses ebenso verwerteten (umschlagen), könnte man von kapitalistischen Unternehmungen sprechen.

Vergleichen wir jedoch präkapitalistische und kapitalistische Unternehmung, so unterscheiden sich beide weiterhin in den Rollen der an den Betrieben beteiligten Personen, wobei es in der kapitalistischen Unternehmung zur Bildung zweier Klassen, dem kapitalbesitzenden Verleger / Unternehmer und dem besitzlosen Arbeiter, kommt. Diese

Klassen existieren auch in den potentiell kapitalistischen Unternehmungen der Afroamerikaner, auch wenn sie dort nicht historisch gewachsen, sondern „virtuell" installiert wurden. So haben wir bereits festgestellt, dass die in den *associations* organisierten Händler neben den wöchentlichen Zahlungen auch die für den Umschlag wichtigen Kompetenzen an die Verbandsspitze abgaben und somit selbst für die interne Umverteilung des Kapitals verantwortlich waren. Ähnlich verhielt es sich bei den *cooperatives*, welche ihre Vertretungen nach außen sowie die Geschäftsführung selbst wählten. Solche in die Klasse der Unternehmer gewählten Personen verfügten nicht nur über das Kapital, sondern ebenso (da sie das Kapital / die Waren koordinierten, Werbung schalteten und Läden beim Verkauf unterstützten) über den Absatz bzw. über die Fähigkeit, Erzeugnisse auf dem Markt zur Distribution zu stellen, was bei Sombart die entscheidende Abgrenzung zu den Arbeitern darstellt. Diese künstliche Schichtung erzeugt jedoch zugleich eine Durchlässigkeit nach oben und unten, wie sie in den normalen kapitalistischen Unternehmungen nicht existiert. Hinter der Möglichkeit, Unternehmer abzuwählen und Arbeiter einzusetzen, steht vermutlich das Bedürfnis einer Kontrollinstanz, um somit die Sicherheit des Versorgungsinteresses zu gewährleisten. Sie ist aber zugleich ein kapitalistisches Instrument, da hiermit eine weitere Entpersönlichung zwischen dem Kapital und seinem Stellvertreter stattfindet.

4. Umweltfaktoren des afroamerikanischen Kapitalismus

Nachdem wir die Ausgestaltung von Geist und Form des afroamerikanischen Kapitalismus untersucht haben, soll nun näher auf die Umweltfaktoren und deren Zugang für die Afroamerikaner eingegangen werden. Hierbei verstehe ich unter den Umweltfaktoren all jene Voraussetzungen, die Weber für das Bestehen des neuzeitlichen Kapitalismus nennt und die nicht allein auf Initiative einzelner Gruppen oder Unternehmen gewährleistet werden können, da sie eine gesamtgesellschaftliche Dimension besitzen. So setzt Weber einen freien Markt voraus, an dem jedes Individuum (bzgl. irrationaler Grenzen) uneingeschränkt partizipieren kann. Wir haben jedoch bereits gesehen, dass die *black economy* als Produzent keinen Zugang zum außerethnischen Markt besaß. Die Anwendung der Marktfreiheit auf die Afroamerikaner als Konsument zeigt weiterhin, dass diese in mehrfacher Hinsicht eine Exklusion erlebten. Sie geht zum einen aus der beobachteten gesellschaftlich – ethnischen Orientierung hervor, welche Weber als „ständische Natur" bezeichnet, zum anderen liegt ihre Ursache in der Segregation, die sich in den 1930ern sowohl als geschriebenes Recht (vor allem in den Südstaaten) als auch durch das Gewohnheitsrecht etablierte. Sie stellt als „ständisches Monopol" die zweite Einschränkung der Marktfreiheit nach Weber dar und widerspricht zugleich seiner Auffassung des rationalen Rechts in der kapitalistischen Gesellschaft. Nicht politisch motivierte, systemische Voraussetzungen waren jedoch auch für die Afroamerikaner weitgehend frei zugänglich. Sie stellten ihre Arbeitskraft frei zur Verfügung, wobei die Wirtschaftskrise ein höheres Maß an Arbeitsbereitschaft verlangte und damit auch bisher Daheimgebliebene zwang, eine Arbeit zum Erhalt des Lebensstandards aufzunehmen, wie das Beispiel der Mehrgenerationenfamilie zeigt. Der veränderte Arbeitskräftebedarf stellte sich hierbei nicht nur durch die große Depression ein, sondern war ebenso eine Folge des aufkommenden Massenkonsums, welchen Wolfgang König in den USA während der Zwischenkriegszeit manifestiert. König stellt die Technik in den Mittelpunkt seiner Betrachtung, welche seiner Meinung nach erst jene Faktoren (Produktionssteigerung, Verbilligung der Produkte u.a.) erzeugt, die der Massenkonsum voraussetzt. Dabei ist klar, dass die erhöhte Produktion bei gleichbleibender Zeit eine Rationalisierung dieser Technik impliziert, wie sie von Weber gefordert wird. Der Erwerb solcher Produktionsmittel unterlag für die Afroamerikaner keinen direkten irrationalen Schranken. Aufgrund ihrer finanziellen Situation war es ihnen jedoch oftmals verwehrt, ihre Betriebe zu modernisieren, da die überwiegend weißen Bankinstitute eine größere Kapitalleihe an Afroamerikaner verwehrten, was wiederum auf die Irrationalität des vermeidlich freien Marktes zurückzuführen ist.

5. Fazit

Die Betrachtungen des Essays haben gezeigt, dass die afroamerikanische Ökonomie sowohl den sombartschen als auch den weberschen Kapitalismusbegriff erfüllt. Wenn wir Webers Aufteilung in Form und Geist heranziehen, so lässt sich im afroamerikanischen Geist eine scheinbare Schizophrenie erkennen, wobei die Merkmale des kapitalistischen Geistes dem traditionalistischen Versorgungsmotiv gegenüberstehen. Jener Nutzgedanke verursachte hierbei die Begrenzung des Gewinnstrebens unter der Berücksichtigung der ethischen Verpflichtung der fairen Preisgestaltung gegenüber der eigenen Ethnie. Aufgrund der innerethischen Zirkulationsökonomie ergibt sich hierbei die Paradoxie, dass jene Preispolitik in Verbindung mit der Zahlung vergleichsweiser guter Löhne zu einem erhöhten Gewinn führten. Gleichzeitig verlangte der Versorgungsgedanke eine erhöhte Anstrengung der *black community* und bildete daher mitunter die Motivation für das Ausüben eines Berufs. Wir haben weiterhin gesehen, dass selbst solche Elemente der protestantischen Ethik, welche Weber nicht mehr als Teil des modernen Kapitalismus betrachtet, bei den Afroamerikanern weiterhin vorhanden waren, obwohl sie sich wegen ihrer speziellen Historie nicht auf den Protestantismus oder andere Religionen zurückführen lassen. So war die Askese eine Folge wirtschaftlicher Erfordernisse sowie der gesellschaftlich – ethnischen Orientierung. Die Notwendigkeit der Askese für das Funktionieren der *black economy* ergab sich hierbei aus der Tatsache, dass die Afroamerikaner vor allem kleine Dienstleistung und Lebensmittel auf dem Markt positionierten, wobei die Beschaffung von Luxusgütern einem Austritt von Kapital aus der Zirkulation gleichkam.

Die Beispiele zeigen somit, dass sich der kapitalistische Geist und das traditionalistische Versorgungsmotiv einander nicht ausschließen, sondern sich im Fall der afroamerikanischen Gemeinschaft der 1930er Jahre bedingen. Hierfür spricht auch der wirtschaftliche Erfolg der neuen Unternehmen als zu dem Geist und dem Nutzgedanken adäquate Ausformungen, welche zwar die typischen kapitalistischen Klassen implizierten, jedoch gleichzeitig für deren Durchlässigkeit und Kontrolle sorgten.

Der weitere Verlauf der Geschichte zeigt uns jedoch, dass die identifizierte Dreiecksbeziehung von Geist, Motiv und Form nur ein Konstrukt von kurzer Lebensdauer war, da es auf der Determiniertheit des Marktes sowie den irrationalen Umweltfaktoren beruhte. Mit den politischen Forderungen nach Partizipation infolge des Zweiten Weltkriegs wurden jene Voraussetzungen jedoch aufgelöst oder abgeschwächt. Das Ineinandergreifen der Märkte sowie die Verbesserung der Konsummöglichkeiten und der gesellschaftlichen und politischen Partizipation der Afroamerikaner führten somit zu einer Vernachlässigung des Motivgedankens, sodass man spätestens in den 1940er Jahren die Dominanz der kapitalistischen Merkmale gegenüber den traditionalistischen einsehen kann.

6. Literaturverzeichnis

Brow, Leslie / Valk, Anne: *Living with Jim Crow. African American Women and Memories of the Segregated South*, New York, 2010.

Cohen, Lizabeth: A Consumers' Republic: *The Politics of Mass Consumption in Postwar America*, New York, 2003.

Helmbold, Lois Rita*: Beyond the Family Economy. Black and White Working – Class Women During the Great Depression*, in: Dubofsky, Melvyn / Burwood, Stephen u.a. (Hg.): The Great Depression and the New Deal. Women and minorities during the Great Depression, London / New York, 1990.

König, Wolfgang: *Geschichte der Konsumgesellschaft*, Stuttgart, 2000.

Lenger, Friedrich: *Werner Sombart. 1865-1941. Eine Biographie*, München 1994, S. 115, 118-123, 219-221, 227-245.

McElvaine, Robert S.: *The Great Depression. America, 1929 – 1941*, New York, 1993.

Joachim, Radkau: *Max Weber. Die Leidenschaft des Denkens*, München 2005, S. 316-350

Sombart, Werner: *Die Wandlungen des Kapitalismus*, in: Weltwirtschaftliches Archiv, 28, 1928, S. 243-256.

Takebayashi, Shiro: *Die Entstehung der Kapitalismustheorie in der Gründungphase der deutschen Soziologie*, Berlin, 2003.

Weber, Max: *Schriften 1894 - 1922*, Berlin, 2002.

Weber, Max: *Wirtschaftsgeschichte. Abriß der universalen Sozial- und Wirtschaftsgeschichte*, Berlin 1958: Kap. IV, Die Entstehung des Kapitalismus, S. 238-246. 289-293, 300-315.